o melhor do mundo

SETH GODIN

o melhor do mundo

SAIBA QUANDO INSISTIR
E QUANDO DESISTIR

ILUSTRAÇÕES DE HUGH MACLEOD

ALTA BOOKS
EDITORA
Rio de Janeiro, 2019

O Melhor do Mundo
Copyright © 2019 da Starlin Alta Editora e Consultoria Eireli. ISBN: 978-85-508-1117-8

Translated from original The DIP. Copyright © 2019 by Seth Godin. ISBN 978-1591841661. This translation is published and sold by permission of Penguin Group (USA) Inc, the owner of all rights to publish and sell the same. PORTUGUESE language edition published by Starlin Alta Editora e Consultoria Eireli, Copyright © 2019 by Starlin Alta Editora e Consultoria Eireli.

Todos os direitos estão reservados e protegidos por Lei. Nenhuma parte deste livro, sem autorização prévia por escrito da editora, poderá ser reproduzida ou transmitida. A violação dos Direitos Autorais é crime estabelecido na Lei nº 9.610/98 com punição de acordo com o artigo 184 do Código Penal.

A editora não se responsabiliza pelo conteúdo da obra, formulada exclusivamente pelo(s) autor(es).

Marcas Registradas: Todos os termos mencionados e reconhecidos como Marca Registrada e/ou Comercial são de responsabilidade de seus proprietários. A editora informa não estar associada a nenhum produto e/ou fornecedor apresentado no livro.

Publique seu livro com a Alta Books. Para mais informações envie um e-mail para autoria@altabooks.com.br

Obra disponível para venda corporativa e/ou personalizada. Para mais informações, fale com projetos@altabooks.com.br

Tradução
Gabriela Fróes

Preparo de Originais
Virginie Leite

Revisão
Ana Grillo, Isa Laxe e Tereza da Rocha

Projeto Gráfico e Diagramação
DTPhoenix Editorial

Ilustração e Design da Capa
Joseph Perez

Adaptação da Capa
Miriam Lerner

Pré-impressão
ô de casa

Impressão e Acabamento
Congregação do Santíssimo Redentor – Editora Santuário

Produção Editorial
Editora Sextante - CNPJ: 02.310.771/0001-00

Erratas e arquivos de apoio: No site da editora relatamos, com a devida correção, qualquer erro encontrado em nossos livros, bem como disponibilizamos arquivos de apoio se aplicáveis à obra em questão.

Acesse o site www.altabooks.com.br e procure pelo título do livro desejado para ter acesso às erratas, aos arquivos de apoio e/ou a outros conteúdos aplicáveis à obra.

Suporte Técnico: A obra é comercializada na forma em que está, sem direito a suporte técnico ou orientação pessoal/exclusiva ao leitor.

A editora não se responsabiliza pela manutenção, atualização e idioma dos sites referidos pelos autores nesta obra.

CIP-BRASIL. CATALOGAÇÃO-NA-FONTE
SINDICATO NACIONAL DOS EDITORES DE LIVROS, RJ

G529m Godin, Seth
 O melhor do mundo / Seth Godin; ilustrações de Hugh Macleod [tradução de Gabriela Fróes]. – Rio de Janeiro: Alta Books, 2019.
 il.

 Tradução de: The dip
 ISBN 978-85-508-1117-8

 1. Auto-realização (Psicologia). 2. Sucesso. 3. Sucesso nos negócios. 4. Persistência. I. Título.

08-4683
CDD: 158.1
CDU: 159.947

Rua Viúva Cláudio, 291 — Bairro Industrial do Jacaré
CEP: 20.970-031 — Rio de Janeiro (RJ)
Tels.: (21) 3278-8069 / 3278-8419
www.altabooks.com.br — altabooks@altabooks.com.br
www.facebook.com/altabooks — www.instagram.com/altabooks

Para Helene

Todo mundo subestima a importância de ser o melhor do mundo.

EU SINTO VONTADE DE DESISTIR.

Quase todos os dias, na verdade. Não o tempo todo, é claro, mas em alguns momentos.

Aposto que você também tem esses momentos. Se você é uma pessoa de alto desempenho e focada em objetivos, e se está lendo este livro, deve estar acostumada a enfrentar desafios – profissionais, pessoais e outros, tais como manter a forma ou vencer uma partida de xadrez.

Na maior parte do tempo, lidamos com os obstáculos por meio da perseverança. Às vezes nos sentimos desencorajados e recorremos a livros motivacionais, como os de Vince Lombardi: "Aqueles que desistem nunca vencem e os vencedores nunca desistem." Péssimo conselho. Vencedores desistem o tempo todo. *A diferença é que eles sabem a hora certa de desistir das coisas certas.*

A maioria das pessoas desiste. Elas só não fazem isso direito. Na verdade, tanto o mercado de trabalho como muitos profissionais se beneficiam das pessoas que desistem – a sociedade parte do princípio de que você vai desistir. Para ser mais direto, os negócios e as organizações contam com isso.

Se você aprender mais sobre os mecanismos que estimulam a desistência, terá mais condições de enfrentá-los. E, ao entender melhor esta armadilha que derruba tanta gente (e que eu chamo de Vão), estará um passo mais próximo de superá-la.

Benefícios extraordinários são obtidos pela pequena minoria capaz de fazer um esforço extra e ir um pouco mais longe do que a maioria.

Benefícios extraordinários também são conquistados pela pequena minoria com coragem de desistir antes e redirecionar sua energia para algo novo.

Em ambos os casos, o objetivo é ser o melhor do mundo – superar as adversidades e chegar ileso ao outro lado.

Desista do que não vale a pena.

Insista no que compensa.

Tenha peito de fazer uma coisa ou outra.

O melhor do mundo

Hannah Smith é uma mulher de sorte. Ela é assistente judiciária da Suprema Corte dos Estados Unidos. Ela é a melhor do mundo.

No ano passado, mais de 42 mil pessoas se formaram em Direito nos Estados Unidos. E apenas 37 delas conseguiram vaga de assistente na Suprema Corte.

Depois de um ano na Suprema Corte, esses 37 felizardos têm emprego praticamente garantido pelo resto da vida. As grandes firmas de advocacia costumam oferecer um bônus de 200 mil dólares – ou mais – na contratação de qualquer um desses assistentes judiciários. Ao sair da Suprema Corte, eles se tornam sócios dessas grandes firmas, juízes ou senadores.

Gostaria de fazer duas observações sobre essa história. A primeira é que Hannah Smith não é uma pessoa de sorte. Ela é inteligentíssima, concentrada e dedicada.

E qual seria a segunda? Bem, qualquer uma das 42 mil pessoas que se formaram em Direito ano passado nos Estados Unidos poderia ter o emprego de Hannah. Poderia, mas não conseguiu. E não foi por falta de inteligência nem por não ser de boa família. Não, a razão por que a maioria não teve chance foi que em algum momento no meio do caminho simplesmente desistiu. Essas pessoas não abandonaram a escola, a faculdade ou a pós-graduação. Elas abriram mão de ser as melhores do mundo no que fazem porque o custo parecia alto demais.

Este é um livro muito curto sobre um tema fundamental: desistir. Acredite ou não, a desistência também pode ser uma ótima estratégia, uma forma inteligente de gerenciar sua vida e sua carreira. Às vezes, no entanto, é a coisa errada a se fazer. Na verdade, existe um modo simples de saber a diferença.

Além de ser inteligente, concentrada e incrivelmente dedicada, Hannah tem o trunfo de saber desistir. Para chegar aonde chegou, ela desistiu de inúmeras outras oportunidades. Você não pode tentar fazer tudo, especialmente se pretende ser o melhor do mundo na sua área.

Antes de falarmos sobre a arte de desistir, no entanto, você provavelmente precisa ser convencido da importância de ser o melhor do mundo.

O valor surpreendente de ser o melhor do mundo

Nossa cultura celebra as estrelas. Estamos sempre premiando o produto, a música, a empresa ou o funcionário número 1. As recompensas são cruelmente desproporcionais, tanto que é bem comum que o primeiro colocado ganhe um prêmio 10 vezes maior que o décimo e 100 vezes maior que o centésimo.

De acordo com a Associação Internacional de Produtores de Sorvetes, os 10 sabores de sorvete mais consumidos são:

Creme
Chocolate
Noz-Pecã
Morango
Napolitano

Chocolate Chip
Baunilha
Cookies 'n' Cream
Fudge Ripple
Praliné

Você está perdoado se imaginou que as vendas dos sabores do topo da lista foram apenas ligeiramente superiores às dos outros. Mas a realidade é bem diferente, como você pode ver neste gráfico:

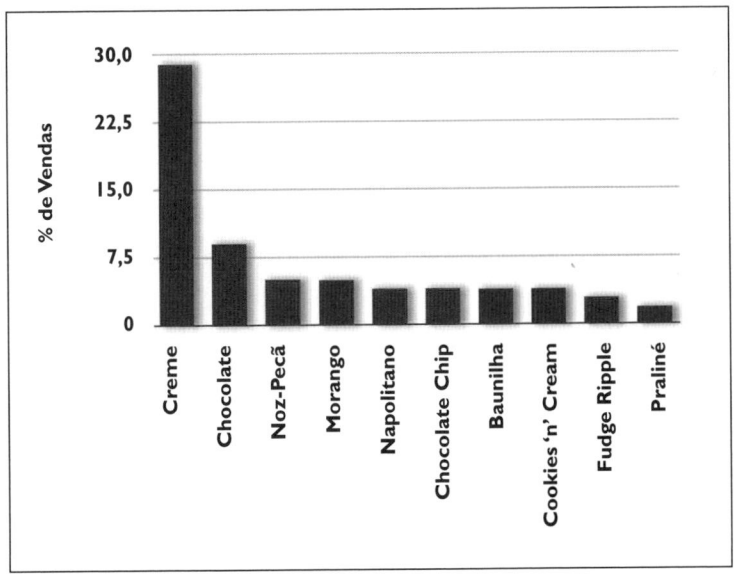

É *sempre* assim (ou quase sempre). É a chamada Lei de Zipf e se aplica à seleção de currículos, aos discos mais vendidos e tudo mais. Os primeiros colocados ganham muito mais porque o mercado adora vencedores.

Aqui vai outro exemplo. Veja as maiores bilheterias de uma semana particularmente fraca nos cinemas americanos em agosto de 2006:

Invencível

Ricky Bobby: a toda velocidade

Pequena Miss Sunshine

Beerfest

As torres gêmeas

Aprovados

Serpentes a bordo

Ela dança, eu danço

Idlewild

O segredo dos animais

É difícil ter pena do péssimo *Beerfest*, afinal de contas ele está em quarto lugar. Mas dê uma olhada no gráfico com o faturamento dessas produções:

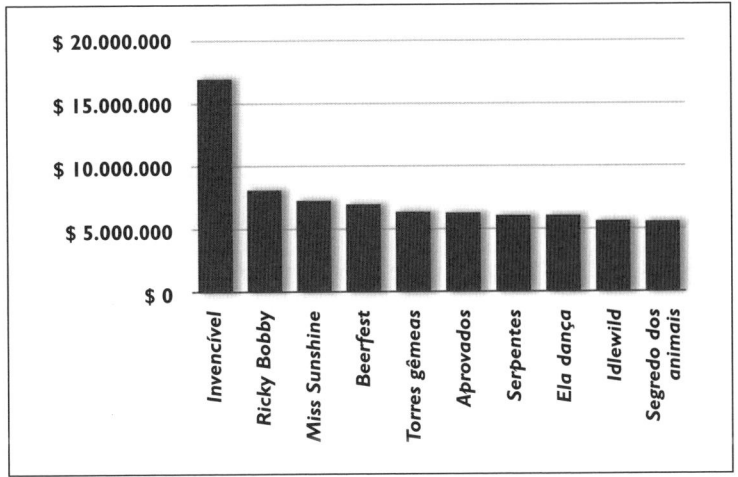

Se você leu *A Cauda Longa: do mercado de massa para o mercado de nicho*, de Chris Anderson, isso não é novidade para você. Mas eu não estou interessado na cauda longa* agora, e sim na cabeça curta, grande e lucrativa – a apetitosa fatia do mercado que pertence somente àqueles no topo da lista.

Por que é importante ser o número 1

As pessoas não têm tempo e não gostam de se arriscar. Se você for diagnosticado com câncer de umbigo, não vai

---

* Usando o mundo dos filmes, dos livros e da música, Chris Anderson, editor chefe da revista *Wired*, defende nesse livro a tese de que a internet deu origem a um novo universo, no qual a receita total de diversos produtos de nicho, com baixo volume de vendas, é igual à receita total de poucos produtos de grande sucesso. (N. do E.)

ficar ouvindo dezenas de opiniões. Vai direto procurar o "melhor" médico, o número 1 naquela especialidade. Por que perder tempo?

Quando você viaja pela primeira vez para uma cidade, entra no primeiro restaurante que aparece ou pergunta ao gerente do hotel qual é o melhor lugar para se comer?

Quando quer contratar alguém para sua equipe, pede a seu assistente que selecione os currículos medianos ou os das pessoas mais qualificadas?

Sem muito tempo ou oportunidade para experimentar, nós intencionalmente reduzimos nossas escolhas ao que consideramos melhor.

Você não é o único que faz isso. Todo mundo é assim. Por isso os benefícios de ser o número 1 são enormes. A escala não é linear. Não estamos falando de obter um pouco mais depois de ter dado um pouco mais. É uma curva – e uma curva bem fechada.

Por que é (realmente) importante ser o número 1

A segunda razão por que é tão vantajoso ser o número 1 é mais sutil. Estar no topo é importante porque só há espaço para poucos – e as coisas raras *têm valor*. Não somos tão seletivos na escolha de uma água mineral, por exemplo, quanto de um champanhe. Apesar de existirem dezenas de marcas de água mineral, as diferenças entre elas não são tão gritantes. Já com champanhe a história é outra. Dom Pérignon está no topo (ou bem perto dele), por isso não nos importamos de pagar mais caro.

Mas o que confere valor às coisas raras? Acho que isso tem a ver com as exigências do mercado e da sociedade. E com o fato de que a maioria dos concorrentes desiste bem antes de ter criado algo que possa ser o número 1. É assim que deve ser. O sistema depende disso.

O melhor do mundo?

Qualquer pessoa que pense em contratá-lo, comprar algo de você, recomendá-lo a alguém, votar em você ou fazer qualquer outra coisa do gênero vai se perguntar se você é a melhor escolha.

Melhor no seguinte sentido: melhor para ela, neste momento, com base no que ela sabe e acredita. E *do mundo* no seguinte sentido: o mundo dessa pessoa, o mundo ao qual ela tem acesso.

Então, se estou procurando um copidesque, quero o melhor copidesque disponível, que possa trabalhar comigo por um valor que eu tenha condição de pagar. Esse vai ser o *melhor do mundo* para mim. Se preciso de um médico para tratar de uma hérnia, quero o melhor, aquele que foi recomendado por amigos e que corresponda à imagem que faço de um bom médico. Além disso, o médico tem que estar na cidade e poder me atender. Então, *mundo* pode ser um termo bem flexível.

O mercado de massa está morrendo. Não existe mais um único tipo de café – ou de música – que possa ser considerado o melhor. Agora há milhões de micromercados, mas cada um deles ainda tem o seu *melhor*. Se o seu nicho é de produtos orgânicos em Tulsa, então esse é o seu mundo. E você deve buscar ser o melhor *nesse* mundo.

Melhor é um conceito subjetivo. Sou eu (o consumidor) que decido, e não você. E a concepção de *mundo* aqui é egoísta. É a minha definição, e não a sua. É o mundo que eu defino, com base na minha conveniência ou nas minhas preferências. Seja o melhor no meu mundo e você me conquistará imediatamente.

O mundo está ficando maior porque agora eu posso procurar *em qualquer lugar* quando quero encontrar algo (ou alguém). Isso significa que a quantidade de opções é assombrosa, e também que posso estabelecer exatamente aquilo em que estou interessado – e encontrar minhas preferências em qualquer lugar do planeta.

Ao mesmo tempo, o mundo está ficando menor porque a especialização é cada vez maior. Eu agora posso encomendar o melhor pão sem glúten que existe, encontrar o melhor software de gerenciamento de riscos para a minha área de atuação, descobrir o melhor hotel de nudismo da

América – tudo com seis cliques no mouse. Portanto, ainda que seja mais importante do que nunca ser o melhor do mundo, é mais fácil. Desde que você escolha a coisa certa e vá até o fim. Há mais chance de ganhar, mas os riscos também são altos.

Andy Warhol foi o melhor do mundo. Assim como o restaurante Sripraphai Thai, no bairro do Queens. Assim como meu editor. E você também, se quiser. Se você ainda não se convenceu de como é fundamental ser o melhor do mundo, talvez não tenha interesse em saber o que vou contar. Mas se estiver decidido a ser o melhor, apesar de se sentir frustrado com o caminho que escolheu para chegar lá, então precisa começar a desistir de algumas coisas.

Uma infinidade de opções

Em praticamente todos os mercados o número de opções parece quase infinito. Em face de tanta variedade, as pessoas entram em pânico. Às vezes acabam não comprando nada. Às vezes optam pelo mais barato. Diante da infinidade de produtos, muitos consumidores escolhem o líder de mercado. Quando um livro aparece na lista dos mais vendidos, isso impulsiona ainda mais as suas vendas. As grandes empresas de seguros atraem novos clientes simplesmente por serem grandes.

O número de pessoas procurando emprego também parece não ter fim, assim como o número de empresas que prestam serviços, de escritórios de advocacia, salões de beleza, cafeterias e marcas de sabonete. O melhor é ser o melhor.

Só as pessoas talentosas
se preocupam com a mediocridade.

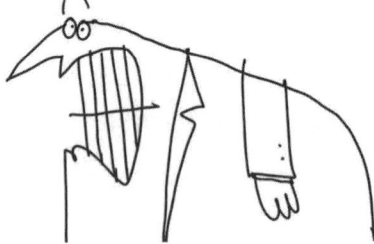

Isso é o melhor que você pode fazer?

Um pedido de emprego TODO EM LETRAS MAIÚSCULAS. Um e-mail com erros de digitação. Vendedores que querem conquistar novos clientes, mas nunca se empenham o bastante. Médicos que não se dão ao trabalho de ligar para um paciente de longa data para verificar se a nova medicação está funcionando. As pessoas se acomodam. Elas se satisfazem em ser menos do que são capazes. As empresas também se acostumam com *o bom o suficiente* em vez de *o melhor do mundo*.

Se você não se esforça para ser minha melhor opção, o que está esperando? Você acredita que "Bem, ninguém melhor apareceu" é uma estratégia válida para o sucesso? Acha que tem chance de se dar bem por ser o único a ser considerado?

A razão por que grandes empresas falham quando tentam entrar em novos mercados é que se tornam muito condescendentes. Por serem grandes e poderosas, essas organizações acreditam que podem se acomodar, fazer menos, parar de melhorar algo antes que se torne realmente memorável. Elas fazem concessões para evitar problemas com outras divisões ou para minimizar sua exposição. E por isso fracassam – porque não sabem quando desistir e quando se recusar a se acomodar.

O maior erro cometido na escola

Quase tudo o que você aprendeu na escola sobre a vida está errado, mas o maior equívoco deve ser o seguinte: saber um pouco de tudo é o segredo para o sucesso.

Quando você chegava em casa com dois 10, um 9 e três 8 no boletim, estava indo bem. Mas imagine o pobre coitado que tirava uma nota 10 e o restante 5. Esse estava perdido.

Agora pense nas decisões que você precisa tomar atualmente – sobre que médico escolher, em que restaurante comer, que contador contratar. Com que freqüência você procura alguém que seja ótimo nas coisas de que você não precisa? Até que ponto você espera que seu contador seja um bom motorista ou um exímio jogador de tênis?

Em um mercado livre nós recompensamos os excepcionais.

Na escola dizemos às crianças que, quando algo parece muito difícil, o melhor é seguir em frente e se concentrar no próximo desafio. Há uma fruta bem ali, ao seu alcance; não há necessidade de subir na árvore.

Veja a pérola que encontrei num livro preparatório para concursos: "Passe o olho pelas questões e responda às mais fáceis primeiro, pulando as que você não sabe." Péssimo conselho. Os grandes talentos não podem pular o que não sabem. Na realidade, os melhores do mundo se especializam em aprender e se tornar excepcionais naquilo a que não sabem responder. As pessoas que pulam as perguntas difíceis são maioria, mas não são as mais solicitadas no mercado de trabalho.

Muitas organizações certificam-se de colocar todos os pingos nos is – possuem serviço de atendimento ao consumidor, recepcionista, instalações adequadas e folhetos apresentando seus produtos –, mas não conseguem se sobressair em nada. São medíocres em tudo. Com freqüência seus clientes potenciais escolhem a concorrência. As empresas concorrentes não são boas em tudo, mas têm um desempenho excepcional nas áreas que importam.

A mágica de pensar em desistir

Há 20 anos um livro mudou a minha vida. Foi *A mágica de pensar grande*, de David J. Schwartz. Hoje em dia não me lembro de nada do que li. O que lembro é que, por um breve momento, esse livro mudou meu modo de pensar sobre o sucesso.

Tenho esperança de que as próximas páginas façam o mesmo por você. Quero mudar a forma como você encara o sucesso e o que pensa sobre desistir.

A maioria das pessoas vai lhe dizer que o segredo é persistir – tentar com mais vontade, se dedicar por mais horas, treinar mais e trabalhar duro. "Não desista!", elas imploram. Mas se bastasse não desistir para ser bem-sucedido, por que empresas menos motivadas do que a sua se dariam bem? Por que pessoas menos talentosas do que você venceriam?

Isso tem relação com a compreensão do mecanismo da desistência e, acreditem ou não, isso significa desistir muito mais do que você desiste atualmente.

A desistência *estratégica* é o segredo de organizações bem-sucedidas. A desistência reativa e a serial são a maldição daqueles que lutam para conseguir o que querem mas acabam fracassando. A maioria das pessoas faz exatamente isso. Elas desistem quando é doloroso e persistem quando não podem se dar ao luxo de desistir.

Há duas curvas que definem quase todo tipo de situação que você enfrenta ao tentar realizar alguma coisa. (Uma ou duas curvas menos importantes cobrem o resto.) Compreender as diferentes situações que levam você a desistir – ou que deveriam fazer você desistir – é o primeiro passo para obter o que pretende.

CURVA 1: O VÃO

Quase tudo na vida que vale a pena ser feito pode ser controlado pelo Vão.

Funciona mais ou menos assim:

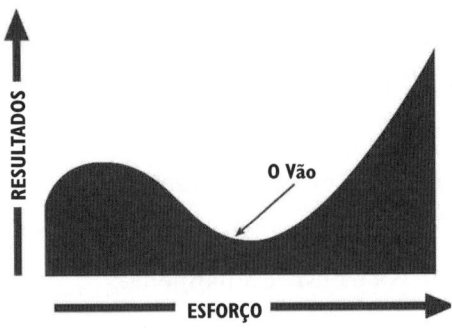

Logo que você começa alguma atividade, tudo parece divertido. Você pode estar aprendendo a jogar golfe, fazendo sessões de acupuntura, aprendendo a pilotar um avião ou estudando química. Você acha interessante e recebe um bom feedback das pessoas à sua volta.

Nos dias e semanas seguintes, o aprendizado rápido faz com que você continue indo em frente. Não importa o que seja essa nova atividade, é fácil se manter interessado nela.

E aí começa o Vão.

O Vão é a longa e cansativa caminhada entre o início e a maestria. Um momento de avanço lento que – por mais contraditório que pareça – é um atalho, porque leva você para onde quer ir mais rapidamente do que qualquer outro caminho.

O Vão é a combinação de burocracia e trabalho árduo com a qual você precisa lidar se quiser um certificado de mergulhador.

O Vão é a diferença entre os conhecimentos básicos dos "iniciantes" e a técnica mais apurada dos "especialistas", seja no esqui ou no design de moda.

O Vão é o que distingue a sorte de principiante de uma realização real.

O Vão é o conjunto de filtros criado para manter pessoas como você do lado de fora.

Se você teve aulas de cálculo na faculdade, já experimentou o Vão. A academia não quer que pessoas desmotivadas façam Engenharia, então existe um filtro. As aulas de cálculo são o filtro que separa os engenheiros do restante. Se você não passa em cálculo, bem, não pode fazer Engenharia.

No início, quando você anuncia que quer ser engenheiro, recebe todo tipo de feedback positivo e apoio. Sua avó fica orgulhosa! Mas, em pouco tempo, a tortura do cálculo chega e você percebe que está perdido.

Em feiras e exposições, vemos dúzias de empresas tentando se posicionar no mercado. Elas investem tempo e dinheiro para criar um produto, estruturar o marketing e montar um estande – tudo para conquistar seu espaço em um mercado lucrativo. No ano seguinte, grande parte não volta a expor. Essas empresas simplesmente desapareceram. Foram incapazes de atravessar o Vão.

O mesmo acontece com as pessoas que sonham com a riqueza e o poder do presidente de uma empresa listada entre as 500 maiores pela revista *Fortune*. Jatinhos, clubes sofisticados, poder de decisão incontestável. Quem não gostaria de fazer parte dessa realeza moderna? É claro, se você olhar o currículo de um desses presidentes, vai ver que ele agüentou um Vão de 25 anos antes de conseguir o cargo. Por um quarto de século ele teve que engolir sapos, manter a cabeça baixa e fazer o que lhe mandavam. Precisava alcançar suas metas, trabalhar mais horas que todo o resto da equipe e adular o chefe em alguns momentos. Diariamente, por muitos anos.

É fácil ser presidente de empresa. Difícil é chegar lá. Existe um Vão enorme no meio do caminho. Se fosse fácil, haveria muita gente competindo pela vaga e o salário não seria tão alto, não é mesmo? As coisas raras, como eu já disse, têm valor. É aí que está o segredo. E se não existisse um Vão, não haveria coisas raras.

OBSERVAÇÃO IMPORTANTE: Pessoas bem-sucedidas não sobrevivem simplesmente ao Vão. Não é apenas uma questão de trabalho duro e superação. Elas se lançam no Vão. Movem-se com determinação, mudando as regras à medida que avançam. Só porque você sabe que está em um Vão, não significa que deve ficar feliz nele. O Vão dura menos se você o divide em partes menores.

CURVA 2: O BECO SEM SAÍDA

O Beco sem Saída é tão simples que nem precisa de um gráfico. Esse tipo de situação acontece quando você trabalha, trabalha e nada muda. Não fica muito melhor nem muito pior. Apenas é.

Empregos sem futuro são Becos sem Saída.

Não há muito a dizer sobre o Beco sem Saída, exceto que ele existe e que, ao encontrá-lo, você precisa fugir dele o mais rápido possível. O Beco sem Saída toma seu tempo, impedindo outras oportunidades. E o custo de investir sua vida em algo que não vai melhorar é alto demais.

É isso. Fique com os Vãos que têm mais chance de terminar bem e fuja dos Becos sem Saída para não desperdiçar sua energia.

CURVA 3: O ABISMO (RARO MAS ASSUSTADOR)

Os cigarros, ao que parece, foram reformulados por cientistas para aumentar o vício. Se você resolvesse fazer um gráfico representando o prazer de fumar ao longo do tempo, ele seria mais ou menos assim:

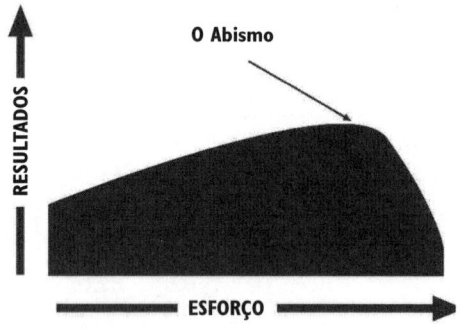

Exceto pela queda brusca no fim (também conhecida como enfisema pulmonar), fumar é o sonho, ou melhor, a realização do sonho de qualquer homem de marketing. O cigarro foi criado para ser algo quase impossível de se largar: quanto mais você fuma, melhor se sente por continuar fumando. A dor de desistir fica cada vez pior com o tempo. Chamo essa curva de Abismo, porque é uma situação em que não se pode desistir até que se caia – e aí tudo desmorona.

Não me admira que tantas pessoas tenham dificuldade em parar.

Mas trabalhar com vendas não é como fumar cigarros. Fazer sucesso como cantor ou construir um relacionamento duradouro com alguém com quem você realmente se importa também não. Na maior parte do tempo, as duas outras curvas estão em ação. O Vão e o Beco sem Saída não são lineares. Eles não lhe dão de bandeja pequenas conquistas todos os dias. Estão só esperando você tropeçar.

Se vale a pena, é provável que haja um Vão

O jogo de tênis tem um Vão. A diferença entre um jogador medíocre de fim de semana e um campeão regional não é o talento nato – é a habilidade de persistir nos momentos em que seria mais fácil desistir. A política também tem um Vão – é bem mais divertido ganhar uma eleição do que perdê-la, e todo o processo é construído em torno do fato de muitas pessoas começarem e a maioria desistir.

O Vão cria coisas raras – e coisas raras têm valor.

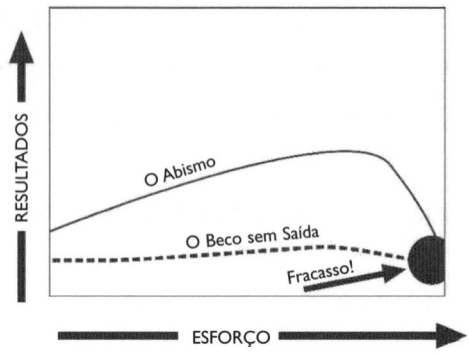

O Beco sem Saída é chato, o Abismo é excitante (por um tempo), mas nenhum dos dois cruza o Vão e ambos estão destinados ao fracasso

O Beco sem Saída e o Abismo são as curvas que levam ao fracasso

Se você se deparar com uma dessas duas curvas, precisa desistir. Não daqui a algum tempo, mas imediatamente. O maior obstáculo para o sucesso na vida, até onde posso dizer, é nossa inabilidade de fugir dessas curvas o mais rapidamente possível.

É fácil reclamar que os conselhos deste pequeno livro são mais que óbvios. Quero dizer, quem ainda não sabe que o segredo para o sucesso é ser bem-sucedido, que oferecer um excelente produto ou serviço é a coisa certa a se fazer e que você não deveria desistir ao enfrentar adversidades?

Você não sabe. Essa é a má notícia. A boa notícia é que seu chefe e a concorrência também não sabem.

Quero dizer, você *sabe*, mas aposto que não está fazendo nada a respeito. Quando se trata de decisões difíceis de tomar, será que você está desistindo dos projetos que não apresentam o Vão? Ou é muito mais fácil agüentar mais um pouco e evitar, a curto prazo, a confusão de mudar de caminho? Qual é o objetivo de persistir em algo que não lhe dará os benefícios de ser o melhor do mundo? Você está investindo tempo e dinheiro demais (realmente além da conta) para ter uma chance maior de dominar um mercado? E se não possui tempo e dinheiro suficientes, tem coragem de escolher um mercado diferente, menor, para conquistar?

Quando você começar a fazer essas coisas, *aí, sim,* saberá do que estou falando.

O Vão é onde o sucesso acontece

Se você ainda não percebeu, o Vão é o segredo para o seu sucesso. As pessoas que decidem atravessá-lo – investindo tempo, energia e esforço para chegar ao outro lado – são as que se tornam as melhores do mundo. Elas estão revolucionando o sistema. Em vez de partir para a próxima oportunidade, em vez de ficar um pouco acima da média e se acomodar com o que têm, essas pessoas abraçam o desafio. Por alguma razão, se recusam a desistir e avançam até o próximo nível.

O *snowboard* é um esporte em alta. É rápido, empolgante e de custo razoável, e quem o pratica é considerado o máximo. Então por que tem tão poucos praticantes? Porque dominar suas habilidades básicas é um grande Vão. São necessários alguns dias para pegar o jeito e, nesse período, você vai se machucar bastante. É mais fácil desistir do que continuar tentando.

A atitude *corajosa* é ser forte para superar essa fase e chegar ao outro lado – obtendo todos os benefícios proporcionados pelo que é raro. A atitude *madura* é nem mesmo se dar ao trabalho de começar a praticar *snowboard*, porque é provável que você não consiga chegar ao outro lado do Vão. E a atitude *estúpida* é começar, tentar da melhor forma possível, investir tempo e dinheiro e desistir bem no meio do Vão.

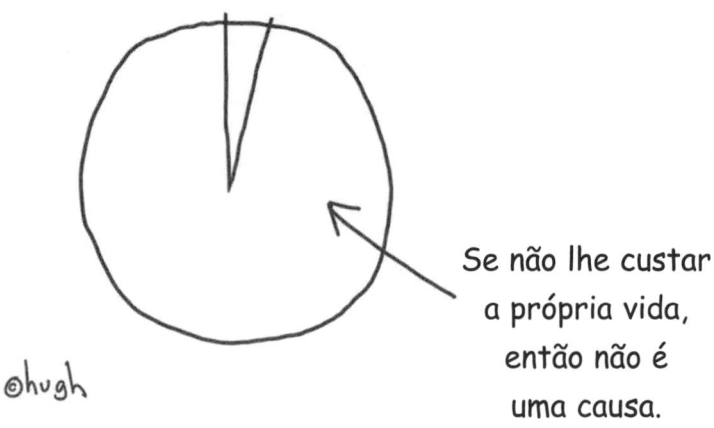

Se não lhe custar a própria vida, então não é uma causa.

Algumas pessoas assumirão uma postura corajosa e acabarão sendo as melhores do mundo. Outras, bem informadas, provavelmente terão uma atitude mais madura e guardarão seus recursos para outro projeto, algo por que realmente sejam apaixonadas. Ambas são boas escolhas. É a última opção, a mais comum, a de tentar e depois desistir, que você deve evitar se quiser ter sucesso.

O que Butch sabia

Quando Butch Cassidy e Sundance Kid estavam sendo perseguidos por Charlie Siringo e os homens da agência Pinkerton, Butch seguiu para as montanhas, para locais cada vez mais inóspitos. Por quê? Porque ele sabia que, em campo aberto, ele e Sundance nunca teriam chance de escapar. Porém, se conseguissem atravessar as impenetráveis montanhas diante deles, havia uma remota possibilidade de que os agentes da Pinkerton desistissem. Quanto mais difícil ficava, melhor para Butch.

Mas o grupo da Pinkerton era persistente. Só desistiu quando Butch e Sundance resolveram enfrentar a própria morte, pulando de um penhasco e caindo no rio lá embaixo. Bem, deu certo no filme.

O mercado é competitivo, cheio de pessoas que superam obstáculos todos os dias. Mas são os desafios incrivelmente difíceis (os Vãos) que dão a você a oportunidade de obter vantagem.

Diante de tamanha competição, a adversidade pode ser sua aliada. Quanto mais difícil a disputa, maior será sua chance de se diferenciar e se afastar dos concorrentes. No entanto, se os obstáculos o levarem a desistir, seu esforço terá sido em vão.

O que Jack sabia

Quando Jack Welch reinventou a GE, a decisão mais fabulosa que tomou foi a seguinte: se não pudermos ser o número 1 ou 2 em determinado segmento, devemos sair dele.

Por que vender uma divisão de 1 bilhão de dólares que vem obtendo bons lucros só porque ela ocupa a quarta posição no mercado? Fácil. Porque dispersa a atenção da administração, consome recursos, capital, foco e energia. E, mais importante, porque ensina às pessoas da organização que está tudo bem em não ser o melhor do mundo.

Jack fugiu dos Becos sem Saída. E, assim, liberou recursos para fazer seus outros negócios atravessarem o Vão.

O interessante sobre o vento

Posso garantir que windsurfe é muito fácil – exceto pelo vento.

O vento é traiçoeiro e torna esse esporte meio complicado. Não é particularmente difícil encontrar e alugar bons equipamentos, e as técnicas do windsurfe são bastante simples. O que dificulta tudo é a imprevisibilidade do vento. Ele muda exatamente quando menos se espera.

O mesmo acontece com o serviço de atendimento ao consumidor – seria muito fácil, se não fosse pelos consumidores. Na verdade, numa organização, todos os departamentos têm problemas com o vento.

O trabalho na contabilidade seria bem mais simples se todos os relatórios fossem exatos e entregues no prazo. A área de vendas seria um paraíso caso não existisse o risco constante de ninguém querer comprar seu produto. Marketing seria uma tranqüilidade se todos os clientes pensassem como você.

Mas aqui vai a boa notícia: o fato de ser difícil e imprevisível é algo que funciona a seu favor. Se fosse de qualquer outro jeito, não seria vantajoso. As pessoas se dão ao trabalho de praticar windsurfe porque o desafio torna o esporte interessante. Os pacientes aceitam pagar caro por um especialista porque sabem que sua doença é imprevisível ou difícil de diagnosticar. A razão por que estamos aqui é que precisamos resolver os problemas complicados.

Da próxima vez que você se sentir tentado a difamar um cliente, uma agência ou uma ferramenta de busca particularmente irritante, saiba que essa interação fracassada foi a melhor coisa que lhe aconteceu naquele dia. Sem ela, você seria facilmente substituível. O Vão é seu melhor amigo.

A razão de estarmos aqui

Se eu só pudesse lhe oferecer algumas palavras inspiradoras, diria o seguinte: o Vão é a razão de você estar aqui. Não importa se está levantando peso, negociando uma venda, tentando um novo emprego ou correndo para rebater uma bola de tênis, você fez um grande investimento. Investiu tempo, dinheiro e esforço para chegar a este momento. Você comprou o equipamento, fez o treinamento e adquiriu a reputação... tudo para enfrentar o Vão agora.

O Vão é a razão de você estar aqui.

Sobreviver à travessia não é o bastante. Você só recebe o que merece quando abraça esse desafio e o trata como a oportunidade que ele realmente é.

A mentira da diversificação: o que os pica-paus sabem

Ao encontrar o Vão, muitos indivíduos e organizações resolvem diversificar. A lógica é a seguinte: se você não consegue atingir o próximo nível, invista sua energia em aprender algo diferente. É esse raciocínio que leva as grava-

"Não agüento mais!", ele disse, erroneamente.

doras a ter milhares de artistas no catálogo em vez de promover alguns poucos de forma mais agressiva. É por isso também que quem está à procura de emprego quer demonstrar competência em uma dúzia de tarefas em vez de ser o melhor em apenas uma.

Pessoas que trabalham duro e são motivadas encontram na diversificação uma válvula de escape natural para suas energias e forças. A diversificação parece ser a coisa certa a fazer. Explorar um novo mercado, se candidatar a um emprego numa nova área, começar a praticar um esporte novo. Quem sabe dessa vez você chega lá?

No entanto, o verdadeiro sucesso vai para os mais obcecados. A concentração que guia você até o outro lado do Vão é recompensada pelo mercado, sempre à procura dos melhores do mundo.

Um pica-pau pode bicar 20 vezes em mil árvores diferentes e não chegar a lugar nenhum, mas se manter ocupado. Ou ele pode bicar 20 mil vezes na mesma árvore e conseguir seu jantar.

Antes de começar a investir em um novo mercado, considere o que aconteceria se você conseguisse atravessar o Vão e vencesse no mercado em que já atua.

A maioria das pessoas tem medo de desistir

É mais fácil ser medíocre do que enfrentar a realidade e desistir.

Desistir é difícil. Desistir exige que você reconheça que jamais será o número 1. Pelo menos não na sua área de atuação. Então é muito mais fácil continuar, não admitir suas limitações e aceitar a mediocridade.

Que desperdício.

Você deveria estar com raiva agora...

Eu estou. Estou com raiva de todas as organizações com potencial para o sucesso que ficam presas nos Becos sem Saída, em vez de deixá-los para trás e investir seus recursos onde deviam. Estou com raiva de todas as pessoas que perderam tempo e dinheiro tentando atravessar um Vão quando deveriam ter percebido que ele era grande e profundo demais para ser superado com os recursos disponíveis. E, mais que tudo, estou com raiva de ter demorado tanto tempo para apontar uma solução tão simples.

Como Arnold superou o Vão

O essencial é saber que o Vão está lá. Ter consciência de que você está enfrentando esse tipo de desafio é o primeiro passo para superá-lo.

Toda vez que a *Men's Health* coloca a foto de um homem com abdômen definido na capa, as vendas em banca sobem. Por quê? Bem, se todos os leitores tivessem aquela barriga, seria improvável que fossem comprar uma revista que ensina algo que eles já sabem.

O fato de ser um atributo raro é o que o torna atraente.

Treinar com pesos é fascinante. Basicamente, você faz um minuto ou dois de exercício sem nenhum motivo além de cansar seus músculos, de forma que os últimos segundos de esforço irão fazer com que o músculo cresça.

Como a maioria das pessoas, você usa seus músculos o tempo inteiro, todos os dias. Mas eles não crescem. Você não se parece com o Mister Universo porque pára de usá-los antes de chegar ao ponto em que o estresse leva ao crescimento. Parar é a coisa natural a se fazer, porque um músculo cansado se sente inseguro – e porque dói.

As pessoas que obtêm sucesso no treinamento fazem um sacrifício no primeiro minuto e então recebem todos os benefícios no final. As que não se saem bem no treino também fazem sacrifícios, mas param alguns segundos mais cedo do que deviam.

É da natureza humana parar ao sentir dor. Mas é esse reflexo que torna algumas coisas raras.

O desafio é simples: desistir ao chegar ao Vão é uma idéia ruim. Se a jornada que você iniciou valeu a pena, então desistir agora faz com que você perca o tempo já investido. Fuja do Vão com freqüência e você acabará sendo um profissional em desistências, uma pessoa que começa muitas coisas mas persiste em poucas.

Simples: se você acha que não vai conseguir superar o Vão, nem comece.

Se conseguir aceitar essa regra simples, passará a ser mais criterioso ao começar algo novo.

Pensando como as estrelas

As estrelas conseguem o que querem porque possuem habilidades únicas. Elas recebem mais dinheiro, respeito e oportunidade do que a média porque não há muitas opções para o cliente ou o empregador à procura do extraordinário.

Uma estrela do ramo imobiliário recebe cinco a dez vezes mais ofertas do que um corretor qualquer. Uma estrela da advocacia, não importa de que área, tem sempre mais trabalho do que pode dar conta. Uma estrela da música ganha mil vezes mais por apresentação do que um músico comum. As estrelas são as melhores do mundo no que fazem.

Se você quer ser uma estrela, precisa encontrar um campo com um Vão bastante profundo – uma barreira entre aqueles que tentam e aqueles que conseguem. E você precisa chegar ao outro lado. Isso não é para qualquer um. Se fosse, não haveria estrelas. Se você escolher esse caminho, é porque reconhece que existe um Vão e acredita ser capaz de atravessá-lo. Esse obstáculo é seu maior aliado porque faz o projeto valer a pena (e mantém a concorrência longe de você).

Mas espere: isso não é suficiente. Você deve não só achar um Vão que possa conquistar, como também fugir de todos os Becos sem Saída que estão atravancando seu caminho. Precisa desistir de todos os investimentos, projetos e esforços que não oferecem a mesma oportunidade do Vão. É difícil, mas vital.

Ser melhor que 98% dos concorrentes costumava ser bom. No mundo do Google, no entanto, é inútil. É inútil porque todos os seus competidores estão a um clique de distância, não importa o que você faça. A única posição boa o suficiente é a de melhor do mundo.

Sete razões que podem levar você a fracassar ao tentar ser o melhor do mundo

- Você fica sem tempo (e desiste).
- Você fica sem dinheiro (e desiste).
- Você fica com medo (e desiste).
- Você não leva a sério (e desiste).
- Você perde o interesse ou o entusiasmo, ou se conforma com a mediocridade (e desiste).
- Você se concentra no curto prazo em vez de no longo (e desiste quando o curto prazo fica muito difícil).
- Você escolhe a área de atuação errada para ser o melhor do mundo (porque não tem talento para ela).

Quando digo "você", quero dizer sua equipe, sua empresa ou simplesmente você – o desempregado, o trabalhador, o empreendedor. O essencial sobre essas sete coisas é que você pode planejar cada uma delas. Você tem como saber, *antes de começar*, se possui ou não os recursos e a vontade para chegar ao final. Na maior parte do tempo, se você fracassar em ser o melhor do mundo, é porque planejou mal ou desistiu antes de alcançar seu objetivo.

Será possível que você simplesmente não seja bom o suficiente? Que você (ou sua empresa ou sua equipe) simplesmente não tenha talento suficiente para ser o melhor do mundo? É claro que é possível. Se você escolher ser violoncelista ou praticar *speed skating*, eu diria até que é provável. Mas nas áreas mais relevantes em que posso pensar, não, não é provável. Você é bom o suficiente. A questão é: você vai escolher o caminho certo para ser realmente bom?

Por que a curva com o Vão é tão predominante?

Uma das bases do Vão é a pirâmide. Você se lembra das pirâmides que prometiam que você ganharia milhões investindo uma pequena quantia e convidando outros amigos a participar do "negócio"? Era um golpe em que as pessoas da base sustentavam quem estava no topo. Mas nem sempre o esquema em pirâmide é uma armação. Na verdade, ele acontece bem mais do que você imagina.

Por exemplo, muitas pessoas se inscrevem numa academia de ginástica (o que permite que a mensalidade seja mais baixa). Porém, em relação ao número de alunos, o espaço físico é pequeno, porque poucos realmente freqüentam a academia depois de se inscrever. Isso está previsto no sistema. Se todos os inscritos fossem realmente assíduos, você nunca conseguiria encontrar uma bicicleta vazia ou mesmo pagar a mensalidade.

Algumas locadoras cobram uma taxa mensal que inclui o aluguel de um número ilimitado de DVDs por mês e a entrega na residência do cliente. Como isso é possível? A chave do negócio é que para cada pessoa que vê seis filmes por mês, por exemplo, existem muitas que vêem apenas um ou nenhum. Esses clientes financiam os membros que usam o serviço com mais freqüência. É claro, a locadora quer que você assista a muitos filmes – isso faz de você um consumidor fiel. Mas o modelo de negócio ruiria se não fosse pelos usuários esporádicos.

Por muito tempo, as linhas aéreas praticaram o overbooking e vendiam mais passagens que as disponíveis, porque sabiam que poderiam lucrar com as desistências.

Os políticos esperam que os preguiçosos ou mal informados não se dêem ao trabalho de votar. Esses cidadãos pagam impostos que sustentam a vida política dos poucos que não desistem do sistema.

E, é claro, a máquina de dinheiro que faz o esporte universitário norte-americano funcionar tem como base um esquema em pirâmide de jogadores que aspiram ao esporte profissional (Liga Nacional de Futebol Americano, Liga Nacional de Basquete etc.), mas jamais chegarão lá.

Não importa o que você faça para viver ou para se divertir, provavelmente está seguindo um sistema que tem como base a desistência. *A desistência cria coisas raras; e as coisas raras têm valor.*

Em *O mágico de Oz*, existe a imagem inesquecível do homem atrás da cortina, rindo de Dorothy e seus amigos enquanto lhes dá tarefas muito difíceis de serem cumpridas. Enquanto leva uma vida fácil em Oz, ele se sustenta enviando seus discípulos para missões quase impossíveis.

Não é difícil entender por que desistimos. O sistema quer que isso aconteça.

Oito curvas do Vão

Vamos falar agora de sistemas que dependem dos Vãos. Em geral, eles estão presentes nos lugares onde as organizações e os indivíduos estão mais propensos a desistir. Se for possível antecipá-los, será mais fácil tomar uma decisão. Você pode optar (com antecedência) por fazer o que for preciso para atravessar o Vão, sabendo que vai ser difícil; ou pode desistir antes mesmo de chegar lá. Desistir no Vão é a pior estratégia.

VÃO DA MANUFATURA – É fácil e divertido começar a construir alguma coisa em sua garagem. É muito difícil e caro comprar um molde de injeção, criar um circuito integrado ou passar para a produção em larga escala. O tempo, o esforço e o custo de aumentar sua operação é que criam o Vão. O Vão mantém a oferta baixa e dá vantagem às pessoas que têm coragem suficiente para aumentar sua produção. Todos aqueles artistas batalhando na feira de artesanato estão lá porque não tiveram a coragem ou os recursos necessários para levar seu trabalho para o próximo nível.

VÃO DAS VENDAS – Na maior parte dos casos, uma idéia decola quando alguém – você – começa a vendê-la a lojas, empresas, clientes ou até mesmo eleitores. Mas o Vão aparece quando você precisa passar para outro nível e profissionalizar o trabalho de vendas para aumentar a escala. Em quase todos os campos, o primeiro competidor que entra no mercado com uma força de vendas grande e agressiva é o que leva maior vantagem.

VÃO DA EDUCAÇÃO – Uma carreira se inicia assim que você deixa a escola. Mas o Vão geralmente aparece quando chega a hora de aprender algo novo, de reinventar ou reconstruir suas habilidades. Um médico que sacrifica um ano de sua vida por uma especialidade colhe as recompensas por décadas.

VÃO DOS RISCOS – Pessoas que criam seu próprio sucesso aprendem em algum momento, da pior maneira, que não podem pagar tudo sozinhas, contando apenas com a renda do mês. Há sempre um risco em alugar um espaço maior ou investir em novas técnicas. Os empresários bem-sucedidos compreendem a diferença entre investir para atravessar o Vão (uma atitude inteligente) e fazer uma aposta arriscada.

VÃO DO RELACIONAMENTO – Existem pessoas e organizações que podem ajudá-lo mais tarde, mas somente se você dedicar tempo e energia trabalhando com elas agora, ainda que este não seja necessariamente o momento mais fácil para fazê-lo. Aquela moça que começou como assistente, que estava sempre disposta a resolver um problema para você ou ficar até mais tarde para ajudar, é a nova presidente da empresa. As relações que ela construiu numa época em que era difícil fazer isso foram uma grande recompensa depois. Aquelas pessoas sem visão que vivem pedindo favores ou oportunidades jamais conseguem atravessar o Vão do relacionamento, porque não investiram nas relações quando era difícil (mas não urgente).

VÃO CONCEITUAL – Você chegou até aqui vivendo de acordo com uma série de suposições. Abandonar tudo isso e abraçar uma série nova e maior de crenças pode ser exatamente o que você precisa fazer para alcançar o próximo nível. Os heróis que reinventaram instituições e mercados (de Martin Luther King Jr. a Richard Branson, de Zelma Watson George a Jacqueline Novogratz) fizeram tudo exatamente da mesma forma: atravessando um Vão conceitual até chegar ao outro lado.

VÃO DO EGO – Quando tudo é sobre você, fica mais fácil. Desistir do controle e confiar na organização lhe dá vantagem. A maioria das pessoas não faz isso; não consegue abrir mão do controle ou dos holofotes. Elas ficam presas nesse Vão.

VÃO DA DISTRIBUIÇÃO – Alguns varejistas (shoppings locais, a internet) facilitam a distribuição do seu produto, enquanto outros exigem um investimento de sua organização que talvez compense. Colocar seu produto à venda na Wal-Mart pode gerar mais vendas que colocá-lo na internet. Por quê? É o valor das coisas raras, lembra? Todo mundo está na internet, mas conseguir a Wal-Mart é difícil.

Vendo a curva com antecedência

Como você vai ver adiante na análise sobre o ônibus espacial, é bastante simples determinar se algo é um Beco sem Saída ou um Vão. O complicado é ter coragem de fazer algo a respeito. Empresários e funcionários otimistas que se aventuram num negócio, totalmente despreparados para o esforço necessário para conquistar o Vão, correm o risco de construir um ônibus espacial.

Não há nada de errado com o otimismo. A dor (e o desperdício) surge quando o otimista precisa tomar decisões difíceis ao se ver preso no Vão.

Hora de cancelar o ônibus espacial

O ônibus espacial é um Beco sem Saída, não um Vão. Quando os especialistas argumentam a favor do ônibus espacial, eles não dizem: "Nós devíamos continuar fazendo isso porque vai ficar mais barato/mais seguro/mais produtivo com o tempo." A única razão por que o ônibus espacial ainda existe é que ninguém tem coragem de desistir dele. Não existe nenhum motivo para continuar investindo em algo que não vai melhorar.

Na verdade, se cancelássemos o ônibus espacial, criaríamos a necessidade urgente de um substituto. A inexistência de um meio para se chegar ao espaço nos forçaria a inventar uma alternativa melhor e mais barata.

Então por que não cancelamos simplesmente o ônibus espacial? Por que não desistimos? Pela mesma razão de sempre. Porque, dia após dia, é mais fácil continuar fazendo algo com o que estamos acostumados, que não cria muitas tensões, que não machuca.

Como nos alerta a Declaração da Independência dos Estados Unidos, "a experiência nos mostra que, enquanto lhe for possível suportar as contrariedades, a humanidade está mais disposta a sofrer do que a reparar os erros abolindo as formas a que se habituou".

Você tem coragem de desistir quando se vê diante de um Beco sem Saída?

O vale da morte

Este é o objetivo de todo competidor: criar um Vão tão longo e profundo que os concorrentes que estão surgindo jamais consigam alcançar você.

A Microsoft faz isso. A empresa construiu tantos relacionamentos e estabeleceu tantos padrões que é praticamente inimaginável que alguém desafie o mercado do Word ou do Excel – pelo menos até que a plataforma mude. Porém, a Intuit atravessou o Vão e atualmente o programa de contabilidade da empresa, o Quicken, conquistou uma posição tão segura no seu nicho quanto a do Word no mundo dos processadores de texto. Supere a barreira da concorrência e você poderá ser rei por um tempo.

"Espere um pouco", você diz. "O Google não está disputando com a Microsoft ao criar versões on-line de planilhas e processadores de texto?" Sim. Mas até mesmo o poderoso Google sabe que não pode fazer isso sem mudar a plataforma (dos computadores pessoais para a internet). A Microsoft construiu um Vão tão caro e profundo que é impossível atravessá-lo. Mas agora, com uma nova plataforma, o Google tem um caminho muito mais fácil pela frente.

A Apple fez a mesma coisa com o iTunes e o iPod. Primeiro, eles aproveitaram a vantagem de ter uma plataforma nova para destruir as grandes redes de lojas de discos. Depois disso, em vez de descansar por estar em primeiro lugar, a Apple criou diversos sistemas e benefícios que tornam extremamente difícil que qualquer pessoa tenha perseverança suficiente para chegar ao outro lado do Vão.

Profissões também fazem isso. Advogados, por exemplo, precisam passar por provas cada vez mais difíceis para exercer a profissão, aumentando o Vão e deixando a vida melhor para aqueles que já são advogados.

A grande oportunidade

Se você atravessar o Vão, se perseverar quando todos acreditam que vai desistir, conseguirá resultados extraordinários. É raro encontrar pessoas que superaram o Vão, por isso elas são consideradas de grande valor.

Quando você é o melhor do mundo, compartilha certos benefícios (a renda, a atenção, os privilégios, o respeito) com um grupo restrito de pessoas, empresas e marcas. Aquele modelo com abdômen perfeito da capa da *Men's Health* mantém seu emprego justamente porque tantas pessoas desistiram de conseguir o que ele tem.

Você já sabe disso. Você não é burro e já notou que a vida oferece grandes benefícios para aqueles que não desistem. Mas isso ainda não fez nenhuma diferença para você, então por que daria ouvidos a mim?

É simples. Isso tem relação com aquilo que você diz a si mesmo. Você cresceu acreditando que desistir é uma falha moral. Desistir dá uma sensação negativa, é algo que o coloca para baixo, aquele momento em que você se olha nos olhos e pisca. *É claro* que você deu o seu melhor. Mas não vai conseguir. É aquela história de vencedores e perdedores do Vince Lombardi. Se você fosse uma pessoa melhor, não desistiria.

Eu gostaria que você encarasse a possibilidade de desistir como algo positivo. Não tem nada a ver com a humilhação da derrota. Mais do que isso, você pode perceber que desistir das coisas com as quais não se importa, abrir mão daquilo em que é medíocre ou abandonar os Becos sem Saída são atitudes que o liberam para se dedicar aos Vãos realmente relevantes.

Se você for desistir, faça isso antes de começar. Rejeite o sistema. Não entre no jogo se perceber que não poderá ser o melhor do mundo naquilo.

A média é para os perdedores

Desistir no momento certo é difícil. A maioria de nós não tem coragem de fazer isso. Pior ainda, quando nos deparamos com um Vão, às vezes não desistimos. Em vez disso, nos tornamos medíocres.

A reação mais comum diante de um Vão é tentar fazer o que é mais seguro: um trabalho comum, irrepreensível, que não possa ser criticado. Ao se deparar com um Vão, as pessoas tentam ser bem-sucedidas ficando na média.

Esse é o motivo por que tão poucas pessoas acabam sendo consideradas as melhores do mundo.

Para ser uma grande estrela, você precisa fazer algo excepcional.

Não basta apenas *sobreviver* ao Vão, é preciso usá-lo como uma oportunidade de criar algo extraordinário que as pessoas não vão ter como deixar de comentar, recomendar e escolher.

Mas e se eu fracassar?

Todo mundo vai rir de você.

@hush

Da próxima vez que você notar que está sendo mediano quando sente vontade de desistir, lembre-se de que possui duas boas escolhas: desistir ou ser excepcional. A média é para os perdedores.

Será que estou sendo duro demais? Mas você não acha que seu tempo e energia, sua carreira e reputação são valiosos demais para serem desperdiçados enquanto você não faz nada fora de série? Ficar na média parece seguro, mas não é. É invisível. É a última escolha – a lei do menor esforço. A tentação de ser mediano é apenas mais uma forma de desistência... do tipo que você deve evitar. Você merece mais do que isso.

Pessoas que desistem sempre ficam muito tempo na fila

Ao observar as filas de supermercados durante alguns anos, percebi que existem três estratégias comuns na hora de se dirigir aos caixas. O meu supermercado é provavelmente parecido com o seu – normalmente há quatro ou cinco caixas funcionando. Se você prestar bastante atenção, verá que as pessoas adotam uma dessas três estratégias:

A primeira delas é escolher a menor fila e continuar nela, não importa o que aconteça.

A segunda é escolher a menor fila e trocar uma vez (no máximo) caso algo aconteça, como a pessoa que está à sua frente esquecer a senha do cartão. De qualquer forma, não se faz mais do que uma troca de fila.

A terceira é escolher a menor fila e continuar olhando para as outras. A estratégia aqui é mudar de fila sempre que aparecer uma mais curta. E continuar fazendo isso até que chegue a sua vez.

O problema com a terceira estratégia é óbvio. Toda vez que você troca de fila está começando do zero. Em busca de uma solução rápida, você perde tempo e energia indo de um lado para outro.

As filas estão em todo lugar. Você conhece alguém que sonha ser empreendedor e que atualmente está no seu sexto ou décimo segundo projeto? Ele pula para lá e para cá e, a cada obstáculo, parte para uma nova oportunidade que considera mais fácil. Infelizmente, enquanto fizer isso, ele nunca chegará a lugar algum.

Como está sempre trocando de fila, ele não consegue alcançar suas metas. Ainda que começar um projeto seja empolgante, os resultados só aparecem quando se atravessa o Vão. Muitos empreendedores conseguem iniciar um projeto com perfeição, mas desistem muito antes de colher os frutos do seu esforço. A má notícia é que ao recomeçar você não recebe crédito pelo tempo que ficou esperando na fila com seu negócio anterior.

Esse mal não afeta apenas os empreendedores. Anunciantes que estão sempre pulando de uma agência para outra ou de uma mídia para outra acabam gastando uma fortuna. Se forem necessários 10 anúncios para causar impacto e você estiver no oitavo, a mudança irá lhe custar muito tempo e dinheiro.

Vendedores que desistem

Um estudo muito conhecido (provavelmente apócrifo) aponta que um vendedor típico desiste após o quinto contato com um possível comprador. Após cinco tentativas, o vendedor acredita que está desperdiçando o próprio tempo e o do cliente, e parte para um novo desafio.

Naturalmente, esse mesmo estudo mostra que 80% dos consumidores compram na sétima tentativa. Se ao menos o vendedor tivesse insistido um pouco mais!

Será que é verdade que as pessoas precisam ser pressionadas, que sete é um número mágico e que o caminho para vender é ser agressivo? Acho que não. Não acredito que os melhores vendedores sejam os que estão sempre em cima de você, perguntando o que quer e empurrando algum produto ou serviço.

Acredito que a lição aqui seja a seguinte: o fundamental numa venda é a transferência de emoções, não a apresentação de fatos. Se estivéssemos tratando apenas de fatos, um folheto explicativo ou um site na internet seriam suficientes para aumentar as vendas.

Clientes em potencial são muito bons em entender o que se passa pela cabeça do vendedor. Eles estão sempre com os radares ligados e sabem detectar a sinceridade do vendedor (ou a falta dela). Se o vendedor assumir uma postura do tipo "Se você não comprar, conheço outros interessados", transmitirá a mensagem de que não liga muito se o cliente vai levar o produto. Por outro lado, se o vendedor estiver comprometido em fechar uma venda que beneficia o consumidor, esse sinal será enviado claramente.

É preciso deixar isto bem claro: se você não tem condições de atravessar o Vão de uma maneira excepcional, *precisa* desistir. Desistir agora. Porque se em 80% das visitas a clientes potenciais você apenas comparece para cumprir tabela, isso é uma grande perda de tempo e um desperdício de energia que você poderia investir nos 20% de casos em que tem chances reais de fechar negócios.

Superar o Vão é uma estratégia válida porque muda toda a dinâmica do dia-a-dia do vendedor. Não é uma escolha moral, e sim uma escolha estratégica. "Eu vou atravessar esse Vão com você porque isso é importante para nós dois" é o melhor sinal que você pode mandar.

Encarando o Vão

Você pode ter certeza de que o seu produto é o melhor do mundo, mas ninguém fora de um grupo muito pequeno se importa com isso. Você está sempre ocupado levando sua idéia para todos os lugares. Enquanto isso, a maioria dos consumidores não dá a mínima para sua idéia, seu sapato estiloso ou sua cola revolucionária. Eles ficam só esperando que o produto seja padronizado e testado, fique mais barato e pronto para brilhar.

Esse é o Vão da aceitação no mercado. Os comerciantes recompensados são aqueles que não desistem. Eles se lançam cheios de disposição no Vão, tentando se distanciar da concorrência e aperfeiçoar seu produto enquanto os outros continuam à procura de um sucesso instantâneo.

É por isso que algumas editoras estão sempre contratando e descartando autores, em busca do best-seller do momento, enquanto outras investem em talentos como Dr. Seuss ou Stephen King que vão criando aos poucos um público fiel. Enquanto uma organização sem fins lucrativos mal administrada corre atrás de doadores aqui e ali, buscando fundos para esse ou aquele projeto, uma bem-sucedida se mantém fiel a um tema, faz seu trabalho com dedicação e se concentra em alguns doadores até que o dinheiro chegue.

A Swatch atravessou o Vão. A Jimmy Choo também. Não foi da noite para o dia, mas pouco a pouco, até chegar lá.

As pessoas que estão procurando emprego enfrentam o Vão porque os departamentos de recursos humanos aprovam esse tipo de desafio. O RH não bate na sua porta oferecendo um emprego. Ele cria obstáculos – você tem que enviar seu currículo, vestir um terno e fazer uma entrevista – com a intenção de filtrar as pessoas que não estão realmente interessadas no emprego.

Nós somos seduzidos pelas histórias de atrizes que foram descobertas na farmácia da esquina, autores que ficaram famosos após aparecer uma única vez no programa da Oprah e bandas de rock que conseguiram uma gravadora após mandar uma fita demo – tudo parece fácil e empolgante.

> Nós já chegamos?

©hugh

É fácil se deixar levar pelo dinheiro ou pela busca do novo. O problema é que isso acaba se tornando um vício e cria um déficit de atenção. Se não deu certo hoje, você pensa, por que esperar até amanhã? O problema é que só uma pequena parcela das pessoas está em busca de coisas realmente novas. A maioria está à espera de produtos testados, autenticados, que já tenham provado seu valor.

Com muita calma, as Microsofts da vida perseveram, indo da versão 1 para a versão 2, sabendo que, quando chegarem à versão 3, o mundo será um lugar diferente e melhor para elas. A Microsoft fracassou duas vezes com o Windows, quatro com o Word e três com o Excel. A empresa inteira é baseada na idéia de avançar pouco a pouco pelo Vão, mudando sempre de tática, mas nunca desistindo das grandes idéias.

Qual é o seu negócio?

Sim, você precisa e deve desistir de um produto, de uma característica ou de um design – e você tem que fazer isso regularmente para conseguir crescer e obter os recursos para investir no negócio certo. Por outro lado, você não precisa desistir do mercado ou de uma estratégia ou de um nicho. Quando imaginamos que certos negócios decolaram da noite para o dia, provavelmente estamos enganados. O que acontece é que nós só os notamos quando eles já eram sucesso.

A Procter & Gamble já desistiu de centenas de produtos. A Starbucks não levou adiante a idéia de ter estações para gravação de CDs em suas lojas. As reformas da Previdência Social já foram abandonadas dezenas de vezes. Não se apaixone por uma estratégia ou você passará a defendê-la para sempre. Em vez disso, decida de uma vez por todas se está ou não no mercado. Em caso afirmativo, atravesse esse Vão.

O mercado quer que você persista. Ele espera que dê sinais de sua seriedade, força, aceitação e segurança. A maior parte do mercado, de qualquer mercado, é composta de pessoas que querem comprar algo de valor comprovado.

Acompanhar a trajetória do seu produto pelo Vão funciona porque você atinge uma parcela cada vez maior do mercado. Mas, se seu produto não está dando certo, se seu serviço não se popularizou nem sequer atingiu as pessoas moderninhas que adoram novidades, você não deve manter a mesma tática simplesmente por achar que está preso a ela. Sua estratégia – ser confiável no mercado que escolheu – pode sobreviver mesmo que o produto seja cancelado.

O oposto de desistir não é "ficar esperando"

Não, o oposto de desistir é *se dedicar novamente*. O oposto de desistir é uma *estratégia revigorante para acabar com o problema*.

É um erro imaginar que o Vão é algo estático e que você é um mero passageiro num barco que navega devagar, sentado passivamente enquanto a embarcação tenta atravessar a inquietante calmaria do Vão.

O Vão é flexível. Ele responde ao seu esforço. É bastante provável (em quase todos os casos) que uma ação agressiva de sua parte faça com que o Vão fique muito pior. Ou muito melhor. Vamos pensar no lado positivo.

Quando a dor é tão insuportável que você está pronto para desistir, você se encontra na posição de quem não tem nada a perder. E quem não tem nada a perder possui bastante poder. Se quiser, pode partir para o tudo ou nada, contestar as autoridades, tentar coisas que nunca foram feitas. Pode se debruçar sobre o problema e ir tão longe que vai atravessá-lo.

Depois de uma longa carreira na empresa em que trabalhava, David ocupava um cargo sem nenhuma perspectiva e estava pronto para desistir. Seu chefe era um desastre, o trabalho que ele fazia não acrescentava nada ao seu currículo ou à sua vida e ele estava infeliz. Foi então que David partiu para o tudo ou nada. Marcou uma reunião com seu chefe e o chefe dele (algo totalmente contra as normas) e explicou seu problema com tranqüilidade. Ele disse que provavelmente ia acabar pedindo demissão, mas que gostava tanto da empresa que pensou em propor uma alternativa. E foi isso que fez.

David ganhou uma promoção, um novo desafio e um novo chefe.

Se ele tivesse tentado se proteger de todas as coisas negativas ou pensado apenas nas conseqüências de curto prazo, e se não estivesse preparado para pedir demissão naquele dia, nada disso teria acontecido. Ele não estava blefando. Estava pronto para desistir ou para se lançar num novo emprego, se dedicar novamente à empresa e fazer as coisas acontecerem.

Desistir no meio do Vão costuma ser uma decisão de curto prazo – e uma péssima decisão

Quando as pessoas desistem, em geral estão pensando apenas nos benefícios a curto prazo. Em outras palavras, "Se está me machucando, eu paro!".

Quando Joe Biden decidiu abandonar a corrida presidencial em 1988, foi por um motivo que parece trivial nos dias de hoje – ele não citou uma fonte usada em seu discurso e foi acusado de plágio. Naquele momento, a dor era muito forte e Biden e seus assessores não conseguiram encontrar uma saída. Então eles desistiram. Se ele tivesse percebido, em 1988, que estava numa situação em que não tinha nada a perder, poderia ter mudado radicalmente sua campanha. Se tivesse mudado o Vão, ao forçar sua passagem, teria tido uma chance de deixar seus oponentes para trás.

Quando uma criança desiste de fazer aulas de futebol ou caratê, não é porque ela está considerando cuidadosamente as conseqüências de suas ações a longo prazo. A decisão é tomada porque o técnico não pára de gritar e o treino não é nada divertido. É melhor parar.

Sofrimento a curto prazo tem mais impacto na maioria das pessoas do que vantagens a longo prazo, e é por isso que você precisa ter clareza sobre os benefícios de não desistir. Nunca perca de vista o que está do outro lado do Vão porque é mais fácil superar a dor do décimo telefonema fracassado se a realidade de uma bem-sucedida carreira em vendas for mais concreta.

É mais fácil agüentar uma aula entediante na faculdade se você consegue imaginar o dia da formatura. Saber se você está se saindo bem ou mal e acompanhar a sua colocação no ranking pode ser um grande estímulo. Se você puder comparar suas notas com as dos colegas de turma, saber qual é o tamanho da sua fatia do mercado ou sua posição na equipe de vendas, seu esforço para chegar até o primeiro lugar será um feedback constante que o ajudará a lidar com as dificuldades diárias.

Ninguém desiste da maratona de Boston no último quilômetro

Quem, afinal de contas, vai abandonar uma maratona quando já consegue ver a linha de chegada?

Pessoas persistentes são capazes de visualizar a luz no fim do túnel em momentos em que outras pessoas não conseguem. Da mesma forma, as pessoas mais inteligentes são realistas e não imaginam a luz quando ela não tem chance de aparecer.

Não é muito difícil imaginar como seria um gráfico do momento em que as pessoas abandonam uma maratona. Provavelmente seria algo assim:

% de Desistência da Maratona

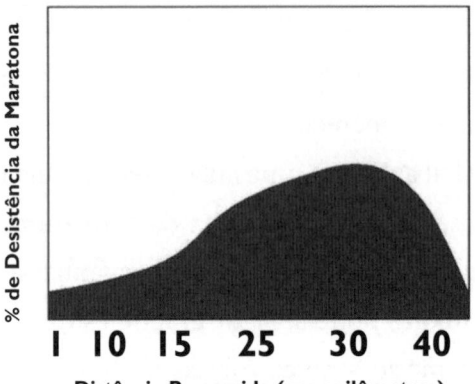

| 1 | 10 | 15 | 25 | 30 | 40 |

Distância Percorrida (em quilômetros)

O Vão não acontece perto da linha de chegada, e sim na altura do quilômetro 30. Quando você consegue ver os torcedores na reta final, terminar é mais fácil.

Se você trabalha num jornal de uma grande cidade, sabe que não há luz no fim do túnel nessa carreira. As vendas estão caindo e a tendência é caírem ainda mais. A maioria dos jornais tem poucas chances de conseguir substituir seu tradicional negócio por uma alternativa on-line. Por isso, cada dia nesses jornais será um pouco pior do que o anterior. Cada dia que você continua nesse emprego é uma decisão estratégica ruim para sua carreira porque você está se aprimorando em algo que não será útil no futuro – e você está mais um dia atrasado em relação a pessoas que estão aprendendo algo mais útil. O único motivo para continuar é a dor associada com a desistência, o sofrimento a curto prazo. Os vencedores sabem que sofrer agora previne dores maiores mais tarde.

A mesma lógica se aplica às decisões estratégicas das organizações. A decisão de desistir ou não depende de uma avaliação simples: o sacrifício do Vão vai compensar os benefícios da luz no fim do túnel?

**Se você não vai conseguir
se tornar o número 1,
é melhor desistir agora.**

DESISTA!

Não há problema em desistir às vezes.

Na verdade, não há problema em desistir com freqüência.

Você deve desistir se estiver num Beco sem Saída.

Você deve desistir se estiver diante de um Abismo.

Você deve desistir se seu projeto atual apresentar um Vão que não justifica a recompensa no final.

Desistir de projetos que não irão levar a nada é essencial se você quiser perseverar nos promissores. Afinal, você não tem tempo, entusiasmo ou recursos para ser o melhor do mundo em tudo.

Desistir de uma tática x desistir de uma estratégia

Sim, eu sei que parece uma heresia, mas eu sou a favor de desistir. Aliás, sou a favor de desistir com freqüência.

Não acho que você deva abandonar sua estratégia de longo prazo (não importa em que área você esteja aplicando essa estratégia – carreira, renda, relacionamento ou venda), mas a tática que não está funcionando.

Fugir de um Beco sem Saída não é uma falha moral. É uma atitude inteligente. Enxergar um Abismo antes que ele seja inevitável não é sinal de fraqueza, e sim de coragem e perspicácia. Assim você tem mais energia para enfrentar o Vão.

Aquela voz na sua cabeça

Neste exato momento, minha clarividência me diz que você está tendo uma conversa que envolve muita racionalidade. Você está explicando a si mesmo por que aqueles Becos sem Saída em que você se encontra não são realmente sem saída (ainda que sejam). Está se esforçando para defender o trabalho medíocre da sua empresa porque isso é o melhor que pode fazer na atual circunstância (mas não é). Você não quer desistir. Não é divertido. Não é fácil. É por isso que você ainda não desistiu. Mas você deveria desistir. Você precisa!

Ou você pode escolher ficar na média, ser uma pessoa comum.

Desistir como uma estratégia inteligente

Doug acabou de conseguir outra promoção em seu emprego. Ele trabalha para uma empresa de software em Indiana e, nos últimos 14 anos, já desempenhou diversas funções diferentes. Nos primeiros sete ou oito anos, Doug trabalhava com desenvolvimento e vendas. Ele cuidou da conta da Microsoft por algum tempo, voando até Redmond, no estado de Washington, mais ou menos a cada seis semanas. Era difícil para a família dele, mas Doug é realmente determinado – e muito bom.

Há dois anos, Doug recebeu uma grande promoção: foi encarregado de uma divisão inteira onde trabalham 150 pessoas, a segunda maior na empresa. Ele enfrentou o novo desafio com prazer. Além de passar ainda mais tempo viajando, Doug resolveu muito bem os problemas de administração internos.

Há um mês, por diversas boas razões, Doug recebeu uma promoção lateral. Mesmo nível, mas com uma nova equipe de analistas sob seu comando. Agora ele comanda as alianças estratégicas. Ele é respeitado, já exerceu quase todos os cargos dentro da empresa e ganha muito dinheiro.

Imagine a conversa que você poderia ter com ele.

Pânico de curto prazo

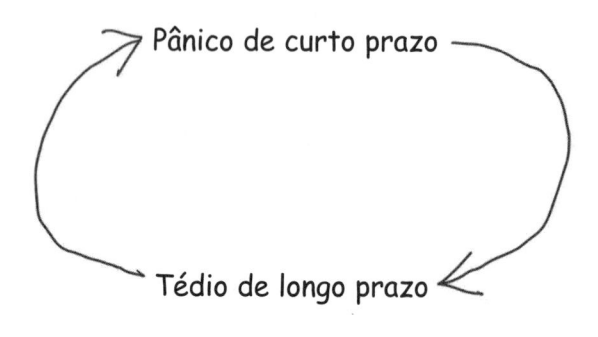

Tédio de longo prazo

@hugh

– Você já está na empresa há muitos anos, não é mesmo?

Mas Doug faria algumas ressalvas:

– Sim, há 14 anos, mas tive sete cargos diferentes nesse período. Quando fui contratado, estávamos começando e atualmente somos uma divisão da Cisco. Eu tenho novos desafios, o percurso até o trabalho é ótimo...

Vá em frente, tente interrompê-lo.

Doug precisa deixar a empresa por uma razão muito simples. Lá todo mundo possui uma expectativa em relação a quem ele é e ao que pode fazer. Chegar ao topo começando como estagiário parece ótimo, mas, na realidade, as chances são pequenas. Doug atingiu seu teto. Ele não será desafiado, pressionado ou promovido a presidente.

Independentemente do que ainda pode realizar, Doug parou de evoluir – pelo menos aos olhos das pessoas que importam.

Se ele sair e começar a trabalhar em outra companhia, poderá se reinventar. Ninguém se lembrará do jovem Doug de 10 anos atrás. Eles o tratarão como o novo Doug, o Doug com potencial infinito e sem nenhum passado.

Nossos pais e avós acreditavam que uma pessoa deveria ficar no mesmo emprego por cinco anos, 10 anos, se possível pela vida toda. Mas, num mundo em que as empresas vêm e vão – elas surgem do nada, vão parar na lista da *Fortune 500* e depois desaparecem –, isso não é possível.

O xis da questão – e foi isso que eu disse a Doug – é que a hora de procurar um novo emprego é quando você não está precisando. Você deve trocar de emprego antes que ele fique confortável. Vá em frente, mude. Crie desafios para você mesmo, consiga um aumento e uma promoção. Você deve isso à sua carreira e às suas habilidades.

Se o seu emprego é um Beco sem Saída, você precisa desistir ou então aceitar o fato de que a sua carreira acabou.

Desistir não é a mesma coisa que fracassar

Uma desistência estratégica é uma decisão consciente que você toma com base nas alternativas que lhe foram apresentadas. Se você percebeu que a situação em que está agora é um Beco sem Saída em comparação com as outras oportunidades que tem pela frente, desistir não só é uma boa alternativa, como também a mais inteligente.

Fracassar, por outro lado, significa que seu sonho acabou. Você fracassa quando entrega os pontos, quando não existem mais opções ou quando já desistiu tantas vezes que seu tempo e seus recursos se esgotaram.

É fácil ficar se contorcendo de nervoso só de pensar em fracassar. Desistir de forma inteligente, entretanto, é uma excelente maneira de evitar o fracasso.

Agüentar firme não é melhor do que desistir

Agüentar firme é o que as pessoas fazem quando tentam concluir uma tarefa de qualquer maneira. As pessoas agüentam um trabalho ruim ou uma tarefa difícil. O problema é que isso nunca resultará num desempenho excepcional. Um trabalho medíocre raramente é fruto de falta de talento. Normalmente a culpa é do Beco sem Saída. Esse tipo de esforço só desperdiça seu tempo e desvia sua energia para a tarefa errada. Se o máximo que você pode fazer numa situação é agüentar firme, é melhor desistir.

Desistir é melhor porque libera você para se destacar em outra atividade.

"Nunca desista"

Que péssimo conselho. Como assim nunca desistir? Nunca desistir de fazer xixi na cama? Ou nunca desistir do emprego que você tinha no McDonald's quando ainda estava no ensino médio? Nunca desistir de vender um produto que já se tornou obsoleto?

Espere um minuto. Aquele técnico famoso não dizia que desistir era uma idéia ruim?

Na verdade, desistir pensando apenas no curto prazo é uma idéia ruim. Desistir pensando no longo prazo é uma idéia excelente.

Acho que a pessoa que deu esse conselho queria dizer o seguinte: "Nunca desista de algo que tem muito potencial a longo prazo apenas porque você não está conseguindo lidar com o estresse do momento." *Isso* sim é um bom conselho.

O orgulho é inimigo das pessoas que desistem na hora certa

Richard Nixon sacrificou dezenas de milhares de vidas inocentes (nos dois lados do conflito) quando se negou a abandonar a Guerra do Vietnã. O único motivo por que ele não desistiu mais cedo foi o orgulho. O mesmo orgulho que prende as pessoas a suas carreiras, anos depois de elas terem deixado de ser atraentes e divertidas. E que mantém um restaurante aberto mesmo quando é evidente que o negócio não tem futuro.

Quando você se depara com um Beco sem Saída, qual é a sua razão para continuar? Será que você é orgulhoso demais para desistir?

Ao desistir de um projeto sem perspectivas, as pessoas acabam se sentindo muito bem porque descobrem que o orgulho ferido não é fatal. Quando você encontra coragem para desistir, se prepara para ter seu ego esmigalhado – mas depois fica tudo bem.

Se o orgulho for a única coisa que o impede de desistir, se não houver nenhum Vão a ser superado, você provavelmente está desperdiçando enormes quantidades de tempo e dinheiro defendendo algo de que irá se recuperar bem rápido.

A Escola de Medicina de Harvard não é motivo para continuar (Ignore os custos de desistir!)

O famoso escritor Michael Crichton desistiu da medicina no momento em que construía uma carreira de ponta. Quando abandonou a profissão, Crichton já havia se formado na Escola de Medicina de Harvard e ganhado uma bolsa de pós-doutorado no Instituto Salk de Estudos Biológicos, algo que lhe dava a garantia de ter uma carreira lucrativa como médico ou pesquisador. Ele trocou tudo isso pela vida imprevisível de escritor.

Crichton não tinha estômago para ficar cortando as pessoas e decidiu que não seria feliz com o futuro que a carreira médica lhe reservava, independentemente do sucesso que poderia alcançar. Então ele desistiu. Crichton percebeu que só porque tinha cursado medicina em Harvard e recebido uma bolsa de estudo – ou seja, ultrapassado o Vão – não precisaria passar o resto da vida fazendo algo que não lhe traria felicidade, apenas para preservar seu orgulho.

Ele deixou a medicina totalmente de lado e começou do zero. Se ele é capaz de desistir, será que você também é?

Três perguntas antes de desistir

Se você está pensando em desistir (ou não desistir), está no caminho certo. (E eu também.) Perceber que desistir merece sua atenção e consideração é o primeiro passo para se tornar o melhor do mundo. O passo seguinte é se fazer três perguntas.

PERGUNTA Nº1: ESTOU ENTRANDO EM PÂNICO?

Desistir não é o mesmo que entrar em pânico. O pânico nunca é premeditado. Ele nos ataca, nos pega de surpresa e nos faz agir sem pensar.

Largar tudo quando se está em pânico é perigoso e pode custar caro. As pessoas que sabem desistir, como nós já vimos, são aquelas que *decidem com antecedência* qual é o melhor momento de abandonar o barco. Você sempre poderá desistir mais tarde, portanto espere o pânico passar antes de tomar sua decisão.

Quanto maior for a pressão para você pular fora ou continuar, menor deve ser seu desejo de desistir. Com freqüência, a decisão de desistir é tomada no calor do momento, a pior hora para fazer uma escolha tão importante. O motivo por que tantas pessoas entregam os pontos no Vão é que, sem uma bússola ou um mapa, o mais fácil a fazer é desistir. Ainda que esse seja o caminho mais fácil, é o menos bem-sucedido.

PERGUNTA Nº 2 : QUEM EU ESTOU TENTANDO INFLUENCIAR?

Você está tentando ser bem-sucedido no mercado? Conseguir um emprego? Ganhar músculos?

Se você está pensando em desistir, é quase certo que não esteja se saindo bem. Se você ligou para um possível cliente mais de 10 vezes sem sucesso, é provável que se sinta frustrado e sem vontade de seguir em frente. Se você tem um chefe que nunca dá trégua, deve estar considerando pedir demissão. E se é um vendedor cujo produto não se tornou popular, talvez esteja cogitando abandoná-lo e investir em algo novo.

Se você está tentando influenciar apenas uma pessoa, sua persistência tem limites. É fácil ultrapassar o limite entre demonstrar seu comprometimento e se tornar inconveniente. Se você ainda não obteve sucesso, talvez seja hora de desistir.

Uma pessoa ou empresa se comporta de maneira diferente de um segmento do mercado. Uma pessoa tem seus objetivos individuais e uma visão singular do mundo. Se ela tomar uma decisão que o prejudique, você terá que se desdobrar para mudar a opinião dela. E mudar a cabeça das pessoas é difícil, se não impossível.

Se você está tentando influenciar um mercado, por outro lado, as regras são diferentes. Sim, algumas pessoas no mercado o avaliaram e o rejeitaram. Mas a maioria nunca ouviu falar de você. O mercado não pensa todo da mesma maneira. Pessoas diferentes estão à procura de coisas diferentes.

Sergey Brin, co-fundador do Google, me disse: "Nós sabíamos que o Google melhoraria a cada dia, à medida que fôssemos trabalhando nele. Também sabíamos que, cedo ou tarde, todo mundo iria experimentar. Então concluímos que, quanto mais tarde você usasse o Google, melhor para nós, porque causaríamos uma impressão ainda melhor com uma tecnologia mais moderna. Nunca tivemos pressa em fazer com que você fosse ao Google hoje. Amanhã seria melhor."

Influenciar uma pessoa é como escalar um muro. Se você chegar do outro lado nas primeiras tentativas, está dentro. Caso contrário, vai descobrir que o muro fica mais alto a cada tentativa.

Influenciar um mercado, por outro lado, é mais parecido com uma montanha do que com um muro. Você faz pequenos progressos, um passo de cada vez, e à medida que chega mais alto, a subida fica mais fácil. As pessoas no mercado conversam umas com as outras. Elas se influenciam. Portanto, pequenos avanços fazem seu progresso se multiplicar.

PERGUNTA Nº3: COMO MEDIR O SUCESSO QUE ESTOU ALCANÇANDO?

Se você está tentando ser bem-sucedido em seu emprego, num relacionamento ou numa tarefa específica, existem apenas três possibilidades: avançar, ficar para trás ou permanecer estagnado.

Para alcançar o sucesso, para chegar até a luz no fim do túnel, você precisa andar para a frente, mesmo que seja pouco. Com freqüência ficamos presos em situações onde desistir parece doloroso demais. Então continuamos. Essa escolha – continuar mesmo sem progredir – é uma perda de tempo porque está lhe custando oportunidades: você poderia estar fazendo coisas muito melhores e mais prazerosas.

O progresso não é medido apenas por aumentos de salário ou promoções. Pode ser algo mais sutil, mas não pode se resumir a pensar positivo e achar que "sobreviver é ter sucesso". O desafio, portanto, é obter pequenas conquistas em áreas onde, inicialmente, você não esperava conseguir nada.

Se você possui um pequeno negócio e mantém alguns poucos consumidores felizes, não há problema em seguir em frente porque, ao longo do tempo, é possível que eles tragam novos clientes. Você pode medir seu progresso por sua reputação ou pelo aumento das vendas. Sua consistência e presença no mercado são suficientes para justificar seus esforços (às vezes). Se, por outro lado, seu negócio não gera propaganda boca a boca, não atrai novos consumidores e não está caminhando na direção certa, qual é o motivo para você continuar com ele?

Quando você está tentando influenciar um mercado inteiro, o valor de não desistir é alto. Sim, você provavelmente deveria abandonar logo uma estratégia de marketing que não está dando certo, ou até mesmo um produto que não tem apelo para seu público-alvo. Mas seu compromisso com o mercado não pode ser questionado – é muito mais fácil e barato construir suas bases num mercado específico do que ir de um para outro até obter sucesso instantâneo.

Vamos parar um minuto para refletir. Pedir demissão do seu emprego não significa desistir da sua busca por um trabalho onde você possa fazer a diferença, causar impacto ou ter um bom salário. Pedir demissão não significa desistir de tudo. Um emprego é apenas uma tática, uma maneira de chegar até aquilo que você realmente quer. Portanto, se seu emprego chegar a um Beco sem Saída, faz sentido deixá-lo de lado e procurar um mercado de trabalho maior – porque cada dia de espera faz com que seus objetivos fiquem mais distantes.

Isso também serve para uma organização. Você não se define pelas táticas que utiliza. Em vez disso, sua empresa é bem ou malsucedida em seus esforços para alcançar objetivos maiores. E no momento em que suas táticas não servirem mais para superar o Vão – no momento em que estiverem num Beco sem Saída –, você será obrigado a substituí-las, porém continuará perseguindo seus objetivos.

Não desistir pode parecer sedutor – e acaba gerando todas aquelas histórias de pessoas que persistiram –, mas essa idéia só serve para quem está evoluindo num mercado. Quando você ouve a história de um autor que foi recusado 30 vezes antes de conseguir seu primeiro contrato com uma editora, ou de uma cantora que estourou da noite para o dia depois de ficar mais de 10 anos dando shows em bares, tem a prova de como a persistência gera dividendos quando se está batalhando num mercado.

Por outro lado, quando foi a última vez que você ouviu que alguém estava preso num emprego sem perspectivas, num relacionamento ruim ou numa negociação sem futuro com um cliente até que, repentinamente, um belo dia, a pessoa do outro lado disse: "Nossa, eu realmente admiro a sua persistência. Vamos mudar nosso relacionamento para melhor"? Isso não acontece.

Desistir antes de começar

Vou passar um dever para você. Escreva em um papel sob que circunstâncias você está disposto a desistir. E quando. Agora siga sua própria determinação.

Decidindo com antecedência a hora certa de desistir

Veja esta citação do ultramaratonista Dick Collins:

"Decida antes da corrida quais são as condições que o levariam a parar e abandonar a prova. Você não vai querer ficar pensando no meio da corrida: 'Que droga, minha perna está doendo, estou um pouco desidratado, cansado e sonolento. Está ventando e faz muito frio.' Nem ficar tentando se convencer de que é melhor desistir. Se você tomar uma decisão com base no que está sentindo no momento, provavelmente fará a escolha errada."

Essa, portanto, é a ferramenta número 1. Se desistir for uma decisão estratégica que permitirá que você faça escolhas inteligentes, você precisa definir sua estratégia de desistência *antes* que o desconforto se instale.

Da mesma forma que um investidor pressiona a diretoria de uma empresa a traçar um plano caso o dinheiro acabe, todo indivíduo ou toda organização que pretenda usar a desistência como ferramenta estratégica precisa ter um plano detalhando o momento certo de desistir.

Se cair fora quando você está diante de um Vão é uma idéia ruim, fugir de um Beco sem Saída, por outro lado, é uma idéia excelente. A parte difícil é conseguir diferenciar as situações quando você está sofrendo, frustrado ou se sentindo estagnado. É por isso que criar limites *antes* de começar é tão poderoso.

Pneus vazios... escolha seu Vão

Pense no pneu de uma bicicleta.

As primeiras 10 libras de pressão que você coloca num pneu completamente vazio não fazem a menor diferença. Por outro lado, adicionar 10 libras de pressão a um pneu cheio vai fazer com que ele estoure, inutilizando todo o seu esforço. São apenas as 10 libras finais, as que enchem o pneu, que realmente dão resultado.

Quando o pneu está com 5 ou 10 libras a menos, poderia muito bem estar vazio. Uma variação de 10% na pressão faz com que o pneu dê problemas. Se estiver 5 ou 10 libras acima da pressão ideal, no entanto, o pneu corre o risco de explodir. É óbvio que a pressão ideal para deixar o pneu cheio é a que causa o maior impacto.

Se você entra num mercado muito grande ou muito disputado com poucos recursos à disposição, sua mensagem acaba se perdendo. Seu marketing desaparece, sua mensagem não consegue se espalhar. Pense duas vezes antes de lançar uma nova marca de chicletes. Como encher só um pouco um pneu vazio, lançar um produto num mercado muito grande surte pouco efeito. Você não vai criar pressão nem chegar ao Vão.

Quando a Sara Lee Corporation tentou entrar no mercado de cafeteiras com sua linha Senseo, ela não teve recursos suficientes para ultrapassar o Vão, pelo menos não nos Estados Unidos.

Já na Holanda, a Senseo conquistou uma fatia de 40% do mercado. A empresa conseguiu a pressão ideal para o "pneu" que é esse (pequeno) mercado. Nos Estados Unidos, a estimativa é de que apenas 1% das casas tenha uma cafeteira Senseo. Com poucos recursos num mercado grande demais, a empresa ficou presa no Vão.

Como poucos americanos têm uma Senseo, quase ninguém fala dela e poucas lojas anunciam o produto. A informação não se espalha, e a Senseo não atinge a massa crítica – a informação deveria chegar a muitos lugares, mas há poucos recursos para levá-la até lá.

Entenda quanta pressão você tem e, *depois*, escolha seu pneu. Nem grande nem pequeno demais.

Você é incrível

Como ousa desperdiçar seu talento?

Você e sua empresa têm o poder de mudar tudo. Criar produtos e serviços. Entregar mais do que o esperado. Ser o melhor do mundo.

Como ousa desperdiçar essa capacidade dedicando-se a mil projetos ao mesmo tempo?

Como ousa se satisfazer com a mediocridade só por ter que lidar com coisas demais na sua agenda, fazendo tudo de qualquer jeito para não furar os prazos?

A lição é simples: se você tem tanto talento, use-o. Use-o para ser o melhor do mundo, para mudar as regras, para dizer aos outros como as coisas devem ser feitas. Você só pode conseguir isso canalizando todos os seus recursos para superar o maior Vão possível. Para vencer esse desafio, terá que desistir de todas as outras coisas. Se o que você estiver fazendo não for deixar uma marca no mundo, desista. Imediatamente. Abra mão e use esse vazio para encontrar energia para enfrentar o Vão que é realmente importante.

Vá em frente e faça as coisas acontecerem. Nós estamos esperando!

Perguntas

- Estou diante de um Vão, um Abismo ou um Beco sem Saída?

- Caso seja um Beco sem Saída, será que posso transformá-lo em um Vão?

- Minha persistência trará resultado a longo prazo?

- Minha relação é com apenas uma pessoa (ou empresa) ou minhas ações têm conseqüências sobre todo o mercado?

- Quando devo desistir? Preciso decidir agora, não quando estiver no meio do processo ou quando uma parte de mim quiser desistir.

- Se desistir desta tarefa, estarei melhorando minhas chances de atravessar um Vão de algo mais importante?

- Se vou desistir de qualquer maneira, existe alguma ação radical que eu possa tentar para reverter a situação?

- Será que eu deveria mesmo ligar para a IBM? Ou tentar aparecer no programa da Oprah?

- Quais são as chances de este projeto ser o melhor do mundo?

- Quem decide o que é o *melhor*?

- Podemos tornar o *mundo* menor?

- Faz sentido mandar meu currículo para todos os anúncios de emprego que vir no jornal ou na internet, só para ver o que acontece?

- Se gosto do meu emprego, está na hora de desistir?

- Será que não fazer nada é melhor do que planejar desistir e depois fazer algo grandioso?

- Você está evitando fazer coisas extraordinárias de propósito, de modo a desistir sem desistir?

Se algo deixa você com medo, talvez seja uma boa idéia tentar.

O melhor do mundo?

OS MELHORES DO MUNDO? Sripraphai, Hard Manufacturing, Toyota Prius, JetBlue, Gulfstream, Nordost, Kate's Paperie, Peet's, Silpat, Robin Dellabough, Starbucks, iPod, Jackson Pollock, Allison Sweet, Paychex, Sotheby's, Porsche, Barry Diller, Megan Casey, Helene Godin, Paul Graham, Google, White Stripes, Red Maxwell, Terry Gross, Tony Hawk, Ketchup Heinz, Shaun White, Catherine E. Oliver, iStockphoto.com, Leica, Jonathan Sackner Bernstein, Lark, Chubb, SmartGlove, Beckham, Madonna, Elvis, Boing Boing, os Três Patetas, Ben Zander, Stephen King, Amazon.com, Hood River Gorge, Sundance, CBGB, Paris (a cidade, não a pessoa), Denny's, Lisa DiMona, Johnny Cash, Mia Hamm, Michael Jordan, Rolex, the Empire State Building, Hugh Macleod, CAA, Will Weisser, Bob Dylan, *Dilbert, Doones-bury,* De Cecco, FedEx, Momofuku,

Adrian Zackheim, *The New Yorker*, Burgerville, Coach, a Torre Eiffel, Gil Hildebrand Jr., Tesla Motors, Lynn Gordon, Corey Brown, Swan, WD 40, Mo & Alex, Scharffen Berger, Anne Shepherd, Chestnut Canoe, Ideo, Tom Demott, Poilane, *Casablanca*, Amoeba Records, Charlotte Okie, Tattered Cover, Jennifer Young, Joseph Perez, Miles Davis, Crooked Brook e Marilyn Wishnie.

Agradecimentos

Este é um livro muito curto. Livros curtos são difíceis de escrever, mas vocês me levaram a fazer isso. Meus leitores sempre me mandam suas opiniões, e uma coisa que aprendi com eles foi: escreva menos.

É quase impossível investir mais do que o necessário para se tornar o líder de mercado.

Todos os nossos sucessos são iguais. E nossos fracassos também.

Somos bem-sucedidos quando fazemos algo extraordinário.

Fracassamos quando desistimos cedo demais.

Somos bem-sucedidos quando somos os melhores do mundo naquilo que fazemos.

Fracassamos quando não temos coragem de desistir de tarefas que só servem para nos desviar do que é realmente importante.

Compartilhe este livro

Quem mais está se sentindo preso ou estagnado? Faça uma lista de colegas de trabalho que precisam aprender a desistir e empreste este livro para eles. Diga para acrescentarem outros nomes e passarem o livro adiante (riscando o nome deles da lista antes disso).

_____
_____
_____
_____
_____
_____
_____
_____
_____
_____
_____
_____
_____
_____

Por favor, devolva este livro para:
_____

Se você gostou de *O melhor do mundo,* conheça outros títulos provocantes do escritor Seth Godin:

O futuro não é mais o mesmo
Todo marqueteiro é mentiroso!
Brinde grátis! Aproveite!
A vaca roxa
Marketing IdéiaVírus
Marketing de permissão

Para mais informações,
visite o site www.SethGodin.com
e clique na cabeça de Seth para ler seu blog.

CONHEÇA OUTROS LIVROS DA ALTA BOOKS

Negócios - Nacionais - Comunicação - Guias de Viagem - Interesse Geral - Informática - Idiomas

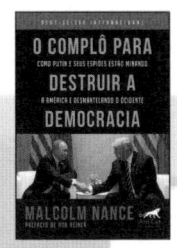

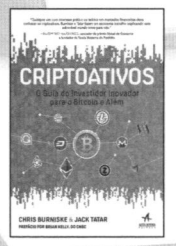

Todas as imagens são meramente ilustrativas.

SEJA AUTOR DA ALTA BOOKS!

Envie a sua proposta para: autoria@altabooks.com.br

Visite também nosso site e nossas redes sociais para conhecer lançamentos e futuras publicações!
www.altabooks.com.br

/altabooks • /altabooks • /alta_books

ALTA BOOKS
E D I T O R A

CONHEÇA OUTROS LIVROS DA ALTA BOOKS

Negócios - Nacionais - Comunicação - Guias de Viagem - Interesse Geral - Informática - Idiomas

Todas as imagens são meramente ilustrativas.

SEJA AUTOR DA ALTA BOOKS!

Envie a sua proposta para: autoria@altabooks.com.br

Visite também nosso site e nossas redes sociais para conhecer lançamentos e futuras publicações!
www.altabooks.com.br

/altabooks · /altabooks · /alta_books

ALTA BOOKS
EDITORA

CONHEÇA OUTROS LIVROS DA ALTA BOOKS

Negócios - Nacionais - Comunicação - Guias de Viagem - Interesse Geral - Informática - Idiomas

Todas as imagens são meramente ilustrativas.

SEJA AUTOR DA ALTA BOOKS!

Envie a sua proposta para: autoria@altabooks.com.br

Visite também nosso site e nossas redes sociais para conhecer lançamentos e futuras publicações!
www.altabooks.com.br

/altabooks • /altabooks • /alta_books

ALTA BOOKS
EDITORA

ROTAPLAN
GRÁFICA E EDITORA LTDA
Rua Álvaro Seixas, 165
Engenho Novo - Rio de Janeiro
Tels.: (21) 2201-2089 / 8898
E-mail: rotaplanrio@gmail.com